ERNST-WOLFGANG BÖCKENFÖRDE

Der Staat als sittlicher Staat

Wissenschaftliche Abhandlungen und Reden
zur Philosophie, Politik und Geistesgeschichte

Band 14

Der Staat als sittlicher Staat

Von

Ernst-Wolfgang Böckenförde

DUNCKER & HUMBLOT / BERLIN

Alle Rechte vorbehalten
© 1978 Duncker & Humblot, Berlin 41
Gedruckt 1978 bei Berliner Buchdruckerei Union GmbH., Berlin 61
Printed in Germany
ISBN 3 428 04254 9

Vorwort

Das politische und gesellschaftliche Leben in der Bundesrepublik hat in den letzten Jahren Entwicklungen genommen, die die Frage nach der Bedeutung und den Funktionen des Staates als politischer Ordnungsform für ein Zusammenleben der Menschen in Freiheit erneut dringlich werden lassen.

Die nachfolgenden Überlegungen, die diese Frage aufzunehmen suchen, wurden aus Anlaß der Verleihung des Reuchlin-Preises der Stadt Pforzheim im April d. J. vorgetragen und haben zum Teil lebhaften Widerhall gefunden. Sie werden hier in geringfügig ergänzter und um den Anmerkungsteil erweiterter Fassung vorgelegt.

Auch in dieser Form bleiben sie Rat und Bürgern der Stadt Pforzheim gewidmet.

Freiburg, im Juli 1978

Ernst-Wolfgang Böckenförde

Inhaltsübersicht

Einleitung 9

I. Strukturmerkmale des Staates 12
   1. Friedenseinheit, Entscheidungseinheit, Machteinheit 12
   2. Herrschaftsordnung und Freiheitsordnung 16

II. Das Um-willen des Staates und seine inhaltliche Zweckausrichtung 18
   1. Organisation und Wirkungsweise 19
   2. Umfang und Grenzen staatlicher Tätigkeit 21
      a) Äußere Freiheit und Sicherheit (Not- und Verstandesstaat) 21
      b) Inhaltliche Freiheit und Selbstverwirklichung 23
         Kein Rückgriff auf Gesinnungseinheit S. 24 — Das Radikalenproblem S. 26 — Die schützende und stützende Funktion des Staates: Freiheit der Person und des geistig-kulturellen Lebens S. 31 — Schule und Bildungswesen S. 32 — Lebensordnungen und Lebensformen S. 34
   3. Voraussetzungen, die der Staat nicht garantieren kann 36

III. Wege der Verwirklichung 38
   Keine Ablösung vom demokratischen politischen Prozeß S. 38 — Das Frage- und Antwortverhältnis zwischen politischer Führung und Aktivbürgerschaft S. 38

Einleitung

Die europäischen Humanisten in der ersten Hälfte des 16. Jahrhunderts, mochten sie Theologen sein wie Erasmus und Melanchthon, oder Juristen wie Johannes Reuchlin und Thomas Morus, haben ihr Augenmerk nicht nur der humanistisch-philosophischen Bildung und humanistischer Lebensart, sondern auch der politischen Ordnung ihrer Zeit gewidmet und sich zum Teil in ihren Dienst gestellt. Reuchlin war 12 Jahre lang Richter des Schwäbischen Bundes und diente damit einem der Versuche, im Reich eine dauerhafte Friedensordnung zu errichten[1], Thomas Morus war über Jahre Lordkanzler des Königs von England. Den Staat als dauerhafte Friedensordnung konnten sie noch nicht erreichen, aber sie haben ihn durch ihre Ideen und ihr Tun vorbereitet. Es hat daher nicht nur einen aktuellen, sondern ebenso einen historischen Bezug, in dieser Stunde und aus Anlaß der Verleihung dieses Preises über den Staat zu sprechen.

Was ist dieser Staat, der Staat, in dem wir leben und der trotz mancher literarischen Todeserklärung[2] für die Ordnung des poli-

---

[1] Zu Reuchlins Lebensweg und beruflicher Tätigkeit siehe die materialreiche Bibliographie von *Ludwig Geiger*, Johann Reuchlin, sein Leben und seine Werke, Leipzig 1871. Zum Schwäbischen Bund und seiner Entwicklung jetzt, *Adolf Laufs*, Der Schwäbische Kreis. Studien über Eignungswesen und Reichsverfassung im deutschen Südwesten zu Beginn der Neuzeit, 1972, S. 58 ff.

[2] *Ernst Forsthoff*, Der Staat der Industriegesellschaft, München 1971, spricht nur mehr von der „Erinnerung an den Staat" (1. Kap. S. 11 - 20); die Schrift läßt keinen Zweifel daran, daß er den europäischen Staat, wie er aus der Überwindung der konfessionellen Bürgerkriege als ein Konkret-Allgemeines entstanden ist, für „wirklich tot" hält, vgl. S. 30 und 158 f. *Carl Schmitt* stellt im Vorwort zur 3. Aufl. seiner Schrift „Der Begriff des Politischen" (Berlin 1963) fest: „Die Epoche der Staatlichkeit geht jetzt zu Ende. Darüber ist kein Wort mehr zu verlieren." (S. 10). Das große, auf fünf Bände berechnete Lehrbuch „Staatsrecht der Bundesrepublik Deutschland" von *Klaus Stern* behandelt in seinem ersten, auch den Grundbegriffen und Grundlagen des Staatsrechts gewidmetem Band (München 1977) zwar

tischen Zusammenlebens der Menschen in der heutigen Welt noch bestimmend und ohne sichtbare Alternative ist? Die Formulierung des Themas: Der Staat als *sittlicher Staat*, enthält eine Herausforderung. Kann dieser Staat, wie er heute als demokratischer Staat, als Rechtsstaat und als Sozialstaat verfaßt ist, mehr sein als eine Einrichtung für Zwecke, die im Rahmen des Mittel- und Zweckhaften verbleibt? Kann er mehr sein, als eine Veranstaltung zur Gewährleistung der gemeinsamen Sicherheit und der Herstellung des sozialen Ausgleichs zwischen den verschiedenen Gruppen und Interessen, als eine „pluralistische Funktionsgemeinschaft", wie Max Imboden[3] das neue politische System, das sich in nicht wenigen demokratischen Staaten der Gegenwart herausbildet, beschrieben hat?

Vielen erscheint eine solche begrenzende, über das Funktionale nicht hinausreichende Charakterisierung des Staates notwendig, um den Staat nicht zum Moloch werden zu lassen und der Freiheit der einzelnen den Vorrang zu behaupten. Wird der Staat als sittlicher Staat verstanden und definiert, d. h. als Träger eines über das Funktionale hinausgehenden Sinns und einer entsprechenden Kompetenz und Verantwortung, drohen dann nicht Gefahren für die individuelle Freiheit, Inpflichtnahmen der einzelnen für letztlich doch nur von Menschen oder Menschengruppen gesetzte Ziele und Zwecke? Wird der Staat auf diese Weise nicht zur „Lebenstotalität"[4], die die Subjektstellung und Individualität der einzelnen absorbiert?

---

die Begriffe „Staatsrecht", „Staatsrechtswissenschaft", „Verfassung", „Verfassungsrecht", bezeichnenderweise aber nicht den Begriff „Staat", der unerörtert bleibt; es ist so im eigentlichen Sinn ein Staatsrecht ohne Staat. Demgegenüber zeigt sich in der Politikwissenschaft in den letzten Jahren eine „erneute Zuwendung zum Staat" (*W. Hennis*, in: Legitimationsprobleme politischer Systeme. PVS, Sonderheft 7, Köln-Opladen 1976, S. 11), nachdem der Staat vorher weitgehend im Zeichen der Zuwendung zum demokratischen politischen Prozeß teils vernachlässigt, teils für überholt erklärt worden war. Zur Neuentdeckung des Staates in der modernen kommunistischen Staatstheorie, insb. bei Santiago Carillo, siehe *Carl Schmitt*, Die legale Weltrevolution: Der Staat 17 (1978), S. 321 ff.

[3] *Max Imboden*, Staatsformen. Politische Systeme. Basel und Stuttgart 1974, S. 62 ff.

[4] Der Staat als Lebenstotalität: *Rudolf Smend*, Verfassung und Verfassungsrecht, 1928 = ders., Staatsrechtliche Abhandlungen, 1955 S. 136 ff., 189.

Ebenso kann freilich in entgegengesetzter Richtung gefragt werden. Können die Aufgaben und Funktionen, die der Staat, unser Staat, wahrnimmt und wahrzunehmen hat, abgelöst werden von ethisch-sittlicher Fundierung, haben sie und brauchen sie nicht einen ethisch-sittlichen Bezug? Werden diese Aufgaben und Funktionen nicht gerade gefährdet, wenn man sie in den Status des nur Zweckhaft-Funktionalen versetzt? Muß nicht gerade bei einer solchen funktionalen Reduzierung jene molochartige funktionale Selbstläufigkeit eintreten, die, allein auf Effektivität und Machbarkeit ausgerichtet, alles Außerfunktionale zwar äußerlich freisetzt, aber auch, soweit das Allgemeine der staatlichen Ordnung betroffen ist, unter sich begräbt? Und wird etwa aus der Aufgabe der Sicherheit, für die der Staat einzutreten hat, dann nicht die bloße „Versicherung des Egoismus", wie Karl Marx nicht ohne Hellsicht gesagt hat[5]? Es besteht also Anlaß, sich der Frage nach dem Staat als sittlichen Staat zu stellen.

---

[5] *Karl Marx*, Zur Judenfrage I = ders., Die Frühschriften, hrsg. von Landshut, Stuttgart 1953, S. 194: „Die Sicherheit ist der höchste soziale Begriff der bürgerlichen Gesellschaft, der Begriff der Polizei, daß die ganze Gesellschaft nur da ist, um jedem ihrer Glieder die Erhaltung seiner Person, seiner Rechte und seines Eigentums zu garantieren ... Durch den Begriff der Sicherheit erhebt sich die bürgerliche Gesellschaft nicht über ihren Egoismus. Die Sicherheit ist vielmehr die *Versicherung* des Egoismus."

I. Strukturmerkmale des Staates

Der Staat der europäischen Neuzeit und ebenso unser gegenwärtiger demokratischer Rechts- und Sozialstaat ist keine naturgegebene Einrichtung, sondern eine Einrichtung, die bewußt geschaffen ist, und zwar *geschaffen für Zwecke*[6]. Sie ist von Menschen erdacht und für Menschen erdacht, für ihr Zusammenleben in Frieden, Sicherheit und Freiheit. Von den Zwecken her, für die der Staat erdacht und geschaffen wurde, bestimmt sich sein Wesen und hat sich seine Struktur geformt. Kann er als solche Zweckeinrichtung den Anspruch machen, auch sittlicher Staat zu sein?

Die Antwort hängt einmal von den Zwecken ab, die den Staat tragen und sein Um-willen ausmachen. Sind es grundlegende Lebenszwecke der im Staat lebenden Menschen, die deren Selbstverwirklichung und ihrem Bei-Sich-Selbst-Sein-Können dienen? Die Antwort hängt weiter von der Struktur und Wirkungsweise des Staates ab. Ist sie so beschaffen, daß sie den grundlegenden Zwecken zur Verwirklichung hilft oder ist sie davon losgelöst, nur auf sich selbst gestellt?

1. Friedenseinheit, Entscheidungseinheit, Machteinheit

Wir sprechen vom Staat als Einheit, als politischer Einheit und erleben ihn als solche. Diese politische Einheit spricht sich darin aus, daß der Staat für die in ihm lebenden Menschen eine *Friedenseinheit* darstellt[7]. Alle Streitigkeiten und Konflikte zwischen den einzelnen oder

---

[6] In diesem Sinn ist der neuzeitliche Staat ein typisches Werk des okzidentalen Rationalismus, ein Produkt dessen, daß die Menschen die Ordnung und Organisation ihres politischen Zusammenlebens aus eigenen, ihrer Selbsterhaltung dienenden Zwecksetzungen vornehmen und nicht (mehr) einer — geglaubten — vorgegebenen Ordnung der Welt (lex aeterna) nachbilden.

[7] Über den Zusammenhang der staatlichen Friedenseinheit mit dem Staat als politischer Einheit grundlegend *Carl Schmitt*, Der Begriff des Politischen, 3. Aufl. Berlin 1963. Die als Kriterium des Politischen von Carl Schmitt entwickelte Unterscheidung von Freund und Feind ist bis heute immer wie-

zwischen Gruppen innerhalb des Staates werden friedlich, d. h. ohne Anwendung physischer Gewalt und in rechtlich geordneten Verfahren ausgetragen. Dies ist ein Grundelement staatlicher Ordnung. Auch in der politischen Auseinandersetzung und im politischen Machtkampf innerhalb des Staates findet keine Freund-Feind-Gruppierung statt, die die Bereitschaft zur physischen Gewaltanwendung einschließt, sondern alle Gegensätze verbleiben auf dem Intensitätsgrad einer Gegnerschaft, die die Einbindung in die gemeinsame Friedensordnung nicht sprengt.

Diese Friedenseinheit als ein Strukturmerkmal staatlicher Ordnung ist nicht von Natur gegeben. Sie mußte, wie ein Blick in die europäische Verfassungsgeschichte zeigt, mannigfachen Widerständen abgerungen werden, nicht zuletzt den religiös-politischen Auseinandersetzungen der konfessionellen Bürgerkriege[8]. Die Herstellung und Erhaltung dieser Friedenseinheit, die nicht ohne besondere politische Anstrengungen möglich ist, stellt eine eminente politische Kulturleistung dar, und sie ist zugleich eine sittliche Kulturleistung.

Um diese Friedenseinheit herzustellen und zu erhalten, muß der Staat zugleich *Entscheidungseinheit* sein. Soll das Zusammenwirken und die Austragung von Streitigkeiten zwischen Menschen und Men-

---

der als eine normative Theorie des Politischen mißverstanden worden, als ob Ziel und Inhalt der Politik als sog. Freund-Feind-Verhältnis definiert werden sollten. Das widerlegt schon der Text (aaO. S. 34 f.). Es geht bei der Freund-Feind-Theorie um nicht mehr und nicht weniger als den phänomenologisch-empirischen Aufweis eines Kriteriums des Politischen, nämlich daß es politischen Spannungen und Auseinandersetzungen eigentümlich ist, einen Intensitätsgrad annehmen zu können, der die Gruppierung der beteiligten Menschen (gruppen) nach Freund und Feind und damit die Bereitschaft, gegeneinander auch mit Waffengewalt zu kämpfen, einschließt. Jeder Blick auf die Gegebenheiten und Geschehnisse der früheren und heutigen politischen Welt kann das nur bestätigen. Das Kennzeichen und die enorme politische Leistung des Staates als *politischer Einheit* ist es, daß es ihm gelingt, alle Auseinandersetzungen und Konflikte zwischen Menschen und Menschengruppen in seinem Innern *unterhalb* der Eskalation zu einem äußersten Gegensatz, d. h. dem Freund-Feind-Verhältnis festzuhalten und sich damit als Friedenseinheit darzustellen.

[8] Siehe *Roman Schnur*, Die französischen Juristen im konfessionellen Bürgerkrieg, Berlin 1962; *Martin Kriele*, Einführung in die Staatslehre, Reinbek 1975, S. 47 ff.

schengruppen friedlich erfolgen, so bedarf es geltender Verhaltensnormen und Verfahrensregeln, nach denen das Zusammenwirken und der Austrag von Streitigkeiten sich abspielen. Diese Normen und Regeln können in einem unbezweifelten allgemeinen Konsens evident sein. Soweit sie das aber nicht sind, kann ihre Festlegung nicht anders als durch die Entscheidung einer höchsten Instanz erfolgen, und zwar einer Instanz, die schließlich auch zum „letzten Wort", gegen das es keinen Appell mehr gibt, berufen ist[9]. Man kann nicht die staatliche Friedenseinheit wollen, ohne den Staat als Entscheidungseinheit und damit als Träger des letzten Wortes in Fragen des äußeren Zusammenlebens zu akzeptieren.

Die Notwendigkeit des Staates als Entscheidungseinheit erfordert auch seinen Charakter als *Machteinheit*[10]. Verhaltensnormen für das Zusammenwirken der einzelnen und der Gruppen, Verfahrensregeln zur Streiterledigung müssen nicht nur festgelegt werden, es muß auch sichergestellt sein, daß geltende Normen und getroffene Entscheidun-

---

[9] Diese Art von „Dezisionismus" ist eine notwendige Bedingung staatlicher Friedenseinheit, gerade angesichts einer pluralistischen Gesellschaft, und das entscheidende Merkmal der staatlichen Souveränität. Soweit die vielfältige Polemik gegen den Dezisionismus sich hiergegen richtet, verkennt sie die Grundbedingungen geordneten menschlichen Zusammenlebens, siehe dazu auch *Hermann Lübbe*, Zur Theorie der Entscheidung = ders., Theorie und Entscheidung, Freiburg 1971, S. 7 - 31. Kein Staat, der als Friedenseinheit organisiert ist, kann der Notwendigkeit, an irgendeiner Stelle die Zuständigkeit zum „letzten Wort" zu institutionalisieren, entgehen. Sie kann nur verlagert, nicht beseitigt werden. Sieht eine Verfassung — wie das Grundgesetz — ein Verfassungsgericht vor mit der Befugnis, über die Verfassungsmäßigkeit und damit die Gültigkeit von Gesetzen und Verfassungsänderungen zu entscheiden, so geht die Zuständigkeit zum verbindlichen „letzten Wort" insoweit auf dieses über; der Zipfel der Souveränität kommt dann in einem solchen Gericht zur Erscheinung.

[10] *Hermann Heller*, Staatslehre, 3. Aufl. Leyden 1971, S. 128 - 46. Der Charakter des Staates als Machteinheit ist zwar nicht das alleinige und schlechthin definierende Merkmal des Staates, aber er ist ein unentbehrliches Merkmal. Die Gleichsetzung von staatlicher Macht mit illegitimer Gewalt, die deshalb eine „Gegenmacht" der Bürger notwendig mache, ist in ihrem objektiven Gehalt eine Theorie der Anarchie bzw. der Selbstermächtigung zu privater oder Gruppengewalt; sie belegt eine notwendige Bedingung staatlicher Friedenseinheit mit einem Unwertbegriff und entzieht folgerichtig dem Gewaltmonopol des Staates seine Legitimität.

I. Strukturmerkmale des Staates

gen befolgt werden. Erst dadurch wird der äußere Friede beständig, wird effektiver sozialer Ausgleich möglich und entsteht Sicherheit. So sehr der Staat dabei auf freiwillige Befolgung und Loyalität der einzelnen und der Gruppen angewiesen ist, er muß zugleich — um seiner Friedensaufgabe willen — in der Lage und bereit sein, gegenüber Widerstrebenden den Geltungsanspruch rechtlicher Normen und getroffener Entscheidungen auch durchzusetzen, ihnen durch Einsatz von Macht tatsächliche Wirksamkeit zu verschaffen. Ist er das nicht, so nimmt auch die freiwillige Befolgung und Loyalität ab, weil dann derjenige, der die rechtlichen Normen und Entscheidungen nicht achtet, privilegiert wird, ja eine besondere Machtposition zugestanden erhält[11].

Der Charakter des Staates als Machteinheit geht noch ein Stück darüber hinaus. Da in jeder Gesellschaft Macht und Machtpositionen vorhanden sind und sich zu bilden trachten, muß die staatliche Wirk- und Entscheidungsmacht, die keineswegs mit der Fähigkeit zu physischer Gewaltanwendung gleichbedeutend ist, sich allen anderen innerstaatlichen Machtgruppierungen als überlegen erweisen, fähig sein, diese sich einzuordnen. Und diese Machteinheit ist nicht lediglich ein Hilfsmittel staatlicher Friedens- und Rechtswahrung, sondern ebenso deren Voraussetzung. Nur als schon bestehende und sich erneuernde Machteinheit vermag der Staat die Herstellung und Sicherung des innerstaatlichen Friedens gegenüber dessen mannigfachen Gefährdungen zustande zu bringen und die Geltung der Rechtsordnung als ein Mittel der Friedenswahrung zu gewährleisten[12].

---

[11] Deshalb gehen von der mangelnden Durchsetzung der Gleichheit und Allgemeinheit der Gesetzes- und Rechtsgeltung durch die staatlichen Organe unabsehbare desintegrierende Wirkungen für den Staat als Rechts- und Friedenseinheit aus. Praktische Erfahrung hierzu kann die Art des Umgangs der politischen und zahlreicher Verwaltungsorgane mit der sog. Außerparlamentar-Opposition in den Jahren 1968 bis etwa 1972 vermitteln; vgl. *Hermann Lübbe*, Endstation Terror. Rückblick auf lange Märsche, in: Der Weg in die Gewalt, München - Wien 1978, S. 96 ff.

[12] Aufschlußreich hierzu die Kontroverse zwischen Ernst Forsthoff und Erich Kaufmann zu der Frage, ob im neuzeitlichen Staat die Herstellung und Bewahrung der Ordnung dem Recht und seiner Geltung vorausgehe oder umgekehrt die Beobachtung des Rechts erst die staatliche Ordnung hervorbringe, vgl. *Ernst Forsthoff*, Der Staatsrechtler im Bürgerkrieg, Carl Schmitt zum 70. Geburtstag: Christ und Welt Jahrgang 11 (1958), Nr. 29

2. Herrschaftsordnung und Freiheitsordnung

Wenn der Staat so um seiner Friedensaufgabe willen den Charakter als Entscheidungseinheit und als Machteinheit hat und haben muß, ist er aus sich heraus *Herrschaftsordnung*, darin zugleich aber *Freiheitsordnung*. Er tritt den in der staatlichen Ordnung lebenden Menschen durch einseitig erlassene rechtliche Normen, durch Gebote und Entscheidungen gegenüber, die unabhängig davon, ob der einzelne Bürger oder die einzelne Gruppe sie billigen oder gutheißen, Befolgung erheischen. Er übt den einzelnen gegenüber Herrschaftsgewalt aus. Die demokratische Organisation der staatlichen Entscheidungsgewalt, kraft deren die Bürger durch Wahlen, Innehabung öffentlicher Ämter und einen offenen Prozeß politischer Willensbildung an der Formierung und Ausübung dieser Entscheidungsgewalt teilnehmen, kann diese Tatsache im Sinne des Freiheitspostulats annehmbar machen, aber nicht aufheben. Der Staat als Friedenseinheit entsteht und lebt nicht aus dem herrschaftsfreien Diskurs, sondern schafft erst die Voraussetzungen, damit herrschaftsfreier Diskurs möglich wird[13].

Der Charakter des Staates als Herrschaftsordnung ist indes nicht nur ein Postulat der Sicherheit, wie es scheinen könnte, sondern ebenso ein Postulat der *Freiheit*. Nicht Freiheit und Herrschaftslosigkeit, sondern Freiheit und Herrschaftsordnung sind miteinander verknüpft. Freiheit, verstanden als Möglichkeit der Selbstbestimmung, ist als gesicherte und beständige Freiheit nur möglich als rechtlich begrenzte Freiheit. „Volle", durch keinerlei Grenzen und Einordnungszwang gebundene Freiheit, bedeutet nur unbegrenzte Macht des jeweils Stärkeren, freies Walten der naturhaften Kräfte. Erst aus der Begrenzung der natürlichen Ungebundenheit und der wirksamen, auch machtmäßigen Sicherung dieser Begrenzung, entsteht Freiheit für jeden[14].

---

und *Erich Kaufmann*, Carl Schmitt und seine Schule. Offener Brief an Ernst Forsthoff: Deutsche Rundschau, 84. Jhg. (1958), S. 1013 - 15 = ders., Gesammelte Schriften Bd. III, Göttingen 1960, S. 375 - 77.

[13] *Robert Spaemann*, Die Utopie der Herrschaftsfreiheit (1972) = ders. Zur Kritik der politischen Utopie, Stuttgart 1977, S. 104 - 26, hat in Auseinandersetzung mit J. Habermas die Unhaltbarkeit der These vom herrschaftsfreien Diskurs als Grundlage legitimer politischer Ordnung überzeugend nachgewiesen.

[14] In der Definition des Rechts durch Kant, Metaphysik der Sitten, Teil 1, § B ist diese Einsicht unverlierbar eingefangen: „Das Recht ist also der

I. Strukturmerkmale des Staates

Menschliches Zusammenleben in Freiheit bedarf daher notwendig einer ordnenden Instanz, die stark genug ist, die Begrenzung und Regulierung der Sphären individueller und gruppenmäßiger Ungebundenheit vorzunehmen und deren Befolgung zu garantieren; eben dadurch wird individuelle und gesellschaftliche Freiheit möglich.

Das Vorhandensein einer solchen begrenzenden und regulierenden Instanz ist allerdings erst eine notwendige, nicht zugleich schon eine hinreichende Bedingung der Realisierung der Freiheit. Damit das Handeln dieser Instanz auf Freiheit orientiert bleibt und nicht in die Beliebigkeit ihres jeweiligen Trägers zurückfällt, bedarf es weiterer Vorkehrungen; Vorkehrungen, die diese Macht- und Entscheidungseinheit nicht abbauen oder auflösen, sie aber an grundlegende Zwecke ihres Handelns binden, geregelten Verfahren sowie einer Verantwortlichkeit und Kontrolle unterwerfen. Jede demokratisch-rechtsstaatliche Verfassung enthält solche Vorkehrungen, das Grundgesetz enthält sie in sehr ausgeformter und mannigfacher Weise. Durch diese Vorkehrungen wird bloße Macht- und Entscheidungsgewalt, die nicht entbehrt werden kann, umgeformt in Herrschaft und die Verknüpfung von Herrschaft und Freiheit hergestellt. Die hiermit erreichbare Sicherung der Freiheit ist zwar keine absolute, aber sie ist die vergleichsweise optimale, weil es eine absolute Sicherung gegen die Gefährdungen der Freiheit, die aus dem menschlichen Zusammenleben resultieren, nicht gibt. Der Satz politischer Grammatik, den wir Thomas Hobbes verdanken, behält seine Gültigkeit: Wer stark genug ist, alle zu schützen, ist auch (potentiell) stark genug, alle zu unterdrücken[15].

Inbegriff der Bedingungen, unter denen die Willkür des einen mit der Willkür des anderen nach einem allgemeinen Gesetz der Freiheit zusammen vereinigt werden kann." Der gedankliche Ansatz, der für den Begriff der Freiheit auf die Möglichkeit und Sicherung der Freiheits*betätigung* abstellt, ist schon bei *Thomas Hobbes*, Elementa philosophica de cive, cap. 2 gegeben.

[15] *Thomas Hobbes*, Elementa philosophica de cive, Cap. VI, 13 Annotiatio.

II. Das Um-willen des Staates und seine inhaltliche Zweckausrichtung

Die bisherigen Überlegungen machen deutlich, welche Bedeutung für den Staat den grundlegenden Staatszwecken zukommt. In ihnen und durch sie erhält die Struktur des Staates als Friedenseinheit, Entscheidungseinheit und Machteinheit ihre nähere Bestimmung und hat der Staat sein Um-willen. Als Entscheidungseinheit und Machteinheit, in seinem Charakter als Herrschaftsordnung ist der Staat nicht für sich selbst erdacht und geschaffen worden, sondern um fundamentale menschliche Lebenszwecke zu verwirklichen und zu sichern: äußeren Frieden[16], Sicherheit des Lebens und des Rechts, Freiheit, Ermög-

---

[16] Äußerer Frieden ist für den Staat in zweifacher Hinsicht von Bedeutung; er erscheint als Voraussetzung der Erfüllung der staatlichen Zwecke, gehört mithin zur Struktur des Staates, ist aber auch Ziel und Inhalt staatlicher Tätigkeit, um das Umwillen des Staates zu realisieren. Bei der ersten Bedeutung handelt es sich um den formellen Frieden (Schweigen der Waffen und Abwesenheit von Bürgerkrieg), bei der zweiten Bedeutung um den inhaltlichen Frieden (Abwesenheit von Unterdrückung und Unrecht). Die Realisierung des inhaltlichen Friedens setzt das Bestehen des formellen Friedens notwendig voraus; auch in der echten Widerstands-Situation ist das erste Ziel die (neue) Herstellung des formellen Friedens, um auf dieser Grundlage die bessere Ordnung (inhaltlichen Frieden) zu verwirklichen. Geht dieser elementare Zusammenhang im geistigen Bewußtsein verloren, kommt es zu Begriffen wie „strukturelle Gewalt", deren Funktion es ist, mit Mängeln des inhaltlichen Friedens die Legitimation zur Aufhebung des formellen Friedens (strukturelle Gewalt rechtfertigt Gegengewalt) zu begründen. Der Begriff der „strukturellen Gewalt", wiewohl im Rahmen der sog. Friedensforschung (J. Galtung) entwickelt und vom Weltkirchenrat in Genf weithin übernommen, ist kein Friedensbegriff, sondern ein Kriegs- und Revolutionsbegriff; er legitimiert — im Namen des inhaltlichen Friedens — die Anwendung physischer Gewalt (das heißt konkret Revolution, Bürgerkrieg, Guerillakrieg) gegenüber der strukturellen Gewalt wirklichen oder angenommenen Unrechts, wobei das Kriterium struktureller Gewalt darin gesehen wird, daß das in einer Zeitsituation objektiv mögliche Maß an Gerechtigkeit und Beseitigung von Abhängigkeiten nicht erreicht wird. Es gibt kaum eine Gewaltanwendung, einschließlich des Terrorismus, die

II. Um-willen des Staates u. seine inhaltliche Zweckausrichtung 19

lichung von Wohlfahrt und Kultur. Diese Zwecke stellen keine Zutat dar, die auch entfallen könnte, sie machen das geistige Prinzip des Staates aus, begründen seine Vernünftigkeit und seinen Charakter als gemeines Wesen.

Dieses Allgemeine des Staates, auch und gerade unseres heutigen Staates, ist bezogen auf die einzelnen als Menschen und Bürger, nicht auf transpersonale Güter und Zwecke. Im Mittelpunkt stehen Recht, Sicherheit, Freiheit, Möglichkeit der Entfaltung für die einzelnen. Dies aber für die einzelnen in ihrer Gesamtheit, nicht lediglich für eine bestimmte Schicht, Gruppe oder Klasse. Das Prinzip der rechtlichen Gleichheit und das Prinzip der Subjektivität, der Anerkennung und des Schutzes der Subjektstellung der einzelnen, ihrer Besonderheit und Individualität, sind für das Allgemeine des Staates konstitutiv[17]. So ist der Staat von den großen Denkern der neuzeitlichen Staatstheorie von Hobbes bis Hegel gedacht, begründet und gefordert worden. Und eben darin liegt seine Verankerung als Teil der sittlichen Lebenswelt.

Sind für den Staat in dieser Weise Freiheit und Selbstverwirklichung der einzelnen zentral und erweist er sich eben darin als vernünftiger, sittlicher Staat, so stellt sich die Frage, wie dies zum einen in seiner Organisation und Wirkungsweise, zum anderen im Umfang und den Grenzen seiner Tätigkeit Verwirklichung finden kann und muß.

1. Organisation und Wirkungsweise

Für die *Organisation und Wirkungsweise* des Staates ist entscheidend die Hereinnahme des Prinzips der Selbstbestimmung in die Bildung dessen, was gemeinhin der Staatswille genannt wird. Es

---

sich damit nicht legitimieren läßt. Zum Problem jüngst auch *Karl Carstens*, Politik für den Frieden als gemeinsame Aufgabe, Manuskriptdruck 1978, S. 13 - 17.

[17] Auch insofern ist der neuzeitliche Staat ein Werk des okzidentalen Rationalismus. Er gehört in den Zusammenhang einer individualitätsbezogenen Kultur, in der nicht mehr theologische oder metaphysische Begriffe wie Herrschaft Gottes, Ordnung der Wahrheit, tugendhaftes Leben die zentrale normative Orientierung bilden. Die sich daran anknüpfende Frage politischer Theologie ist die, ob der so geprägte und strukturierte Staat ein *kat-echon* zu sein vermag.

II. Um-willen des Staates u. seine inhaltliche Zweckausrichtung

kommt darauf an, der staatlichen Entscheidungsgewalt und Herrschaftsübung eine Form und ein Verfahren zu geben, die sie für die einzelnen nicht als etwas Fremdes, von außen Gegenübertretendes, sondern als Vereinigung der individuellen Willen zu einem allgemeinen Willen erscheinen und erleben läßt[18]. Das geschieht durch einen Organismus der Teilnahme der Bürger an der politischen Willensbildung und am staatlichen Entscheidungsprozeß. Das 19. Jahrhundert hat gerade hierin die wesentliche Aufgabe der Verfassung gesehen und die Verfassung im Unterschied zur bloßen Staatsordnung als einen solchen Organismus der Teilnahme der einzelnen an der Bildung des allgemeinen Willens verstanden[19]. Der staatliche Wille, insbesondere das Gesetz wird dadurch *freier* Staatswille, der das Prinzip der Selbstbestimmung in sich aufgenommen hat. Es ist müßig, diese formelle und organisatorische Seite der Freiheit, die eine ihrer Verwirklichungsformen in der politischen Demokratie findet, gegen die inhaltliche Seite auszuspielen. In einem Staat, der auf Freiheit und Selbstverwirklichung der in ihm lebenden Menschen bezogen ist, gehören beide Seiten untrennbar zusammen[20]. Das Wesen dieses Staates

---

[18] Das Problem ist klassisch formuliert bei *Rousseau*, Contrat social, Buch I, cap. 6: «Trouver une forme d'association qui défende et protège de toute la force commune la personne et les biens de chaque associé, et par laquelle chacun, s'unissant tous, n'obisse pourtant qu' à lui-même, et reste aussi libre qu'auparavant». Aufgenommen worden ist das Problem nicht nur von *Kant*, Metaphysik der Sitten, Teil 1: Metaphysische Anfangsgründe der Rechtslehre §§ 46-49, sondern ebenso von *Hegel*, Grundlinien der Philosophie des Rechts (Ausgabe Glockner), Stuttgart 1952, § 260 mit Zus. (S. 337/38).

[19] Statt anderer *Lorenz von Stein*, Geschichte der sozialen Bewegung in Frankreich von 1789 bis auf unsere Tage, Bd. 1 (Ausgabe Salomon) Neudruck Darmstadt 1959, S. 37, 408 f.

[20] In der Staatsrechtslehre des 19. Jhdt. fand diese Zusammengehörigkeit ihren Ausdruck im rechtsstaatlichen Gesetzesbegriff. Dieser Gesetzesbegriff war nicht nach „materiellem" und „formellem" Gesetz getrennt, sondern ein *einheitlicher* Gesetzesbegriff, zu dem die inhaltlich allgemeine Regelung ebenso als wesentliches Merkmal gehörte wie die Beteiligung der Volksvertretung an dem Zustandekommen des Gesetzes; siehe E. W. *Böckenförde*, Entstehung und Wandel des Rechtsstaatsbegriffs (1969) = ders., Staat, Gesellschaft, Freiheit, Frankfurt 1976, S. 69 f. m. w. Nachw. Erst die positivistische spätkonstitutionelle Staatsrechtslehre riß unter der Führung Labands diesen einheitlichen Gesetzesbegriff in das formelle und materielle

II. Um-willen des Staates u. seine inhaltliche Zweckausrichtung 21

liegt eben darin, daß das Allgemeine von den Individuen nicht getrennt, sondern verbunden ist mit der vollen Freiheit und Besonderheit der Individuen, daß, wie Hegel[21] sagt, „die Allgemeinheit des Zweckes nicht ohne das eigene Wissen und Wollen der Besonderheit, die ihr Recht behalten muß, fortschreiten kann."

2. Umfang und Grenzen staatlicher Tätigkeit

Für den *Umfang* und die *Grenzen* staatlicher Tätigkeit gilt es, verschiedene Ebenen und Sphären zu unterscheiden. Sie entsprechen den verschiedenen Dimensionen des Begriffs der Freiheit und Selbstverwirklichung.

a) Äußere Freiheit und Sicherheit (Not- und Verstandesstaat)

Die erste Ebene umfaßt die Sorge für den Bestand und die Gewährleistung der äußeren Freiheit und Sicherheit, für die Ermöglichung von Wohlfahrt und individueller Entfaltung. Es sind die Aufgaben, die seit Hegel mit dem Topos des Not- und Verstandesstaates bezeichnet werden. Aber es besteht kein Grund, diesen Bereich des Not- und Verstandesstaates gering zu schätzen. Er enthält ein unabdingbares Moment der Freiheit und damit auch des sittlichen Staates. Die Sorge für die äußere Freiheit und Sicherheit, für die Lebenszwecke der Bedürfnisnatur, wird sie ernst genommen, überschreitet bereits den Bereich des bloß Funktionalen und der Abgrenzung der Egoismen. Sie schließt den äußeren Frieden ein, zu dem auch der soziale Frieden gehört; die Bestimmung und Abgrenzung des Rechts und der Freiheit der einen gegen die anderen[22]; die Anerkennung und Realisierung der

---

Gesetz auseinander, womit der staats- und verfassungstheoretische Gehalt des Gesetzesbegriffs verlorenging.

[21] G. W. F. *Hegel*, Grundlinien der Philosophie des Rechts (Ausgabe Glockner) Stuttgart 1952, § 260 mit Zus., S. 338.

[22] Welch prinzipiellen und keineswegs ethisch-sittlich neutralen Charakter die in diesem Bereich zu treffenden Regelungen und Entscheidungen haben können, hat das Beispiel der Reform des § 218 StGB gezeigt. Die Diskussion in der Bundesrepublik, einschl. des Urteils des Bundesverfassungsgerichts (BVerfGE 39, 1) hat sich dabei vornehmlich auf die Frage der notwendigen Strafbarkeit des Schwangerschaftsabbruchs als Konsequenz des Lebensschutzes konzentriert, die andere und wichtigere Frage, wie weit eine evtl. *Straffreiheit* des Schwangerschaftsabbruchs, für die es dringende kriminal-

Gleichheit des Rechts gegen die Maxime vom größten Glück der größten Zahl; den angemessenen Ausgleich widerstreitender Interessen. Sie ist auch nicht bereits mit einer einmal vorgenommenen Abgrenzung und Regulierung der Freiheitssphären und der Gewährleistung für deren Einhaltung erledigt. Freiheit, verstanden als äußere Freiheit der persönlichen Entfaltung und Selbstbestimmung, ist einmal abhängig von bestimmten sozialen Bedingungen bei den einzelnen selbst, die ihnen erst die Realisierung, d. h. ein wirkliches Gebrauchmachen von der rechtlich gesicherten Freiheit ermöglichen[23]. Zu diesen Bedingungen gehören ein gewisses Maß an sozialer Sicherheit und ein gewisses Maß an geistiger Bildung. „Die Freiheit ist eine wirkliche erst in dem", sagt Lorenz von Stein, „der die Bedingungen derselben, den Besitz der materiellen und geistigen Güter als die Voraussetzung der Selbstbestimmung besitzt[24]." Diese Freiheit kann ferner nicht abgelöst werden vom sozialen Zusammenhang des Lebens. Sie setzt, soll sie für alle gelten, gewisse Rahmenbedingungen sozial-struktureller Art voraus, die keineswegs schon von selbst gegeben sind und sich auch nicht von selbst, d. h. ohne politische Anstrengungen, erhalten. Sucht der Staat diese notwendigen Rahmenbedingungen der Freiheit zu schaffen bzw. zu erhalten, so kann er sich keineswegs als bloßes Vollzugsorgan der Gesellschaft verstehen und betätigen. Solche Rahmenbedingungen ergeben sich nicht schon als Resultat der Auseinandersetzung der gesellschaftlichen Gruppen und Kräfte. Eine Gesellschaftsordnung, die auf die Entfaltungsmöglichkeit individueller und gruppenmäßiger Interessen, einschließlich der Erwerbsinteressen

---

politische Gründe geben mag, nicht zugleich dessen Legalisierung, d. h. Rechtmäßigerklärung bedeuten darf, hingegen nahezu ganz außer Betracht gelassen. Die weitgefaßten Indikationstatbestände des jetzt geltenden Rechts fungieren nicht nur als Straffreiheitsgründe, sondern zugleich als allgemeine, für alle Bereiche des Rechts geltende Rechtfertigungsgründe.

[23] Dieser Zusammenhang ist heute wohl allgemein anerkannt. Seine Anerkennung auf der Ebene des Rechts, d. h. als rechtliches Prinzip, bezeichnet den Übergang vom liberalen zum sozialen Rechtsstaat. Stellt der liberale Rechtsstaat nur auf die Vereinbarkeit der rechtlichen Freiheit des einen mit der rechtlichen Freiheit des anderen ab, so bezieht der soziale Rechtsstaat die Realisierungsmöglichkeit der rechtlichen Freiheit des anderen (und damit eine erweiterte soziale Aufgabenstellung des Staates) mit ein.

[24] *Lorenz von Stein*, Geschichte der sozialen Bewegung in Frankreich (wie Anm. 19), S. 104.

II. Um-willen des Staates u. seine inhaltliche Zweckausrichtung 23

angelegt ist und sie verbürgt, ist aus sich selbst heraus nicht zugleich selbstregulativ[25]. In ihr bildet sich eine recht wirksame Organisation und Repräsentation je bestimmter, gruppenmäßig bezogener Interessen heraus, aber nicht in gleicher Weise eine Instanz, die die gemeinsamen Interessen aller, die jenen besonderen Interessen vorausliegen, zu ihrer Sache macht[26]. Anwalt dieser gemeinsamen Interessen aller, und dazu gehören auch die Rahmenbedingungen der individuellen und gesellschaftlichen Freiheit, kann nur der Staat selbst sein, und zwar in eigener Verantwortung gegenüber den in der Gesellschaft wirksamen und sich artikulierenden Interessen-Bestrebungen. Das Prinzip des Staates ist, in Unterscheidung zu der primär auf die Besonderheit bezogenen Gesellschaft, auch und gerade im Bereich der äußeren Freiheit und Sicherheit die Erhebung nicht nur einiger, sondern *aller* einzelnen zur vollen Freiheit und persönlichen Entfaltung[27]. Indem und soweit der Staat dies realisiert, vollbringt er nicht nur politische Leistungen, sondern zugleich auch sittliche Leistungen.

b) Inhaltliche Freiheit und Selbstverwirklichung

Neben dieser Dimension der äußeren Freiheit und Sicherheit, dem Bereich des Not- und Verstandesstaates, steht die zweite Dimension der Freiheit, der Bereich der geistigen und ethisch-sittlichen Freiheit und Selbstverwirklichung der einzelnen. Die Frage ist, ob dem Staat auch hier, im Bereich der *inhaltlichen Orientierung* der Freiheit, Aufgaben und Zuständigkeiten zukommen können, oder ob er durch solche Aufgaben angesichts des geistig-ethischen Pluralismus der modernen Welt seine Freiheitsorientierung gerade aufgeben würde. Die Frage ist nicht erst von heute, wiewohl sie in unserer Gegenwart neue Aktualität gewonnen hat. Sie ist grundsätzlich diskutiert worden in der Auseinandersetzung Hegels mit der vernunftrechtlichen, nicht zuletzt der Kantischen Staatstheorie[28]. Hegels Einwand gegen diese

---

[25] *Martin Drath*, Der Staat der Industriegesellschaft: Der Staat 5 (1966), S. 274 ff.

[26] Siehe *Ernst Forsthoff*, Der Staat der Industriegesellschaft, München 1971, S. 119 ff.; *H. J. Varain*, Artikel Verbände: Evangelisches Staatslexikon, 2. Aufl. 1975, Sp. 2682 - 88 (2687).

[27] Grundlegend hierzu *Lorenz von Stein*, Geschichte der sozialen Bewegung in Frankreich (wie Anm. 19), S. 34 ff.

Staatstheorie ist der, daß der Staat hier nur als Gesellschaft, als bloß Gemeinsames zur Sicherung und Förderung der individuellen Interessen und individuellen Beliebigkeit gedacht werde. Daraus könne nur der sog. Not- und Verstandesstaat, die Absicherung des die bürgerliche Gesellschaft ausmachenden Systems der äußeren Bedürfnisse hervorgehen. Hegel verwirft diesen Not- und Verstandesstaat nicht, aber er hält ihn für nicht hinreichend. Er bleibe ziellos und gehaltlos im Geistigen und Sittlichen, führe zu einer Anarchie in der höheren, geistigen Bestimmung des Menschen. Hegels These ist demgegenüber, daß auch die Verwirklichung des Geistigen und Sittlichen der Verformung, der Ausprägung in Institutionen, der Pflege und Lebendigerhaltung durch den Staat bedürfe, um dadurch als tragender Grund und haltende Kraft für die individuelle Selbstbestimmung wirksam zu sein.

Diese These Hegels ist nicht ohne einleuchtende Kraft. Wir wissen heute aus Erfahrung, daß ziellose Emanzipation, Emanzipation, die nur bei der Emanzipation verbleibt, nicht auch zu (neuen) Möglichkeiten der Identifikation führt, dem einzelnen noch keine Selbstverwirklichung bringt, diese vielmehr eher gefährdet. Aber es erhebt sich sogleich die Frage, ob und wie eine solche Realisierung geistig-sittlicher Gehalte durch den Staat möglich sein soll, ohne daß es zu einer staatlich verordneten Sittlichkeit und Ideologie, zu einem letztlich totalitären Zugriff auf den einzelnen kommt.

Kein Rückgriff auf Gesinnungseinheit

Ein Weg, der diese Gefahr nicht vermeidet, sondern gerade in sie hineinführt, ist der, das überfunktional Verbindende, die geistige Grundlage des Staates in einer *gemeinsamen Gesinnung* zu suchen. Ein bekannter Soziologe hat jüngst beklagt[29], daß unserem Staat der Rückhalt in einem unbezweifelten politischen Glauben der Bürger fehle. Solcher Glaube sei vor aller Rationalität das verbindende Fundament

---

[28] *G. W. F. Hegel*, Grundlinien der Philosophie des Rechts, aaO., § 258, S. 329; ders., Vorlesungen über die Philosophie der Weltgeschichte, 1. Teilband-Einleitung: Die Vernunft in der Geschichte (Ausg. Hoffmeister), Hamburg 1955, S. 117 ff., 140 ff.

[29] *Helmut Schelsky*, Ein Staat, an den niemand glaubt: Deutsche Zeitung. Christ und Welt, Nr. 53 v. 23. 12. 77, S. 3.

II. Um-willen des Staates u. seine inhaltliche Zweckausrichtung 25

der politischen Ordnung. Dem muß widersprochen werden. Es ist zu bedauern, daß diese Hinwendung eines Soziologen zur Staatstheorie nicht weiter führt, als bis zu Rousseaus religion civile[30]. Ein unbezweifelter politischer Glaube als Fundament des Staates bedeutet, in die Praxis übersetzt, nichts anderes als die staatlich verwaltete und gepflegte politische Ideologie, eine säkularisierte Form antiker Polis-Religion, durch die die Politik auf die Gesinnung der einzelnen zugreift. Was geschieht in solchem Rückgriff eigentlich? Der Staat erhält seine Grundlage und sein Ferment, das ihn Zusammenhaltende, nicht als Gemeinschaft im Recht, in der Anerkennung und Freigabe der Individualität, der Verknüpfung des Verschiedenen zur Einheit und dem Grundgefühl der Ordnung, das alle haben[31], sondern in der Einheit der politischen Gesinnung. Demgegenüber hat der Staat als sittlicher Staat wegen seiner Anerkennung der Freiheit und sittlichen Selbstbestimmung der einzelnen, gerade das Moment der *Äußerlichkeit* an sich. Er verfolgt Zwecke des Gemeinlebens, nicht des individuellen Lebens, und er verfolgt diese Zwecke nur in rechtlicher Weise, d. h. soweit es durch äußere Anstalten und vollziehbare Gebote möglich ist, die sich am Verhalten der einzelnen orientieren, nicht auf ihre Gesinnung zugreifen[32]. Nicht ohne inneren Grund sind es gerade

---

[30] Rousseau entwickelt die Idee der religion civile im contrat social, Buch IV, cap. 8. Sie ist ein typisches Modell des politischen Glaubens, das in Anlehnung an die antike Polis-Religion und in deutlicher Frontstellung gegen die christliche Religion, die durch die Trennung des theologischen vom politischen System den Staat als ideologisch-politische Einheit aufgehoben habe, entwickelt ist. Liberaler Anschein und totalitäre Konsequenz liegen bereits hier am Ursprung beieinander: Die Artikel der religion civile werden nicht als Glaubenssätze, sondern nur als allgemeine Ansichten (sentiments de sociabilité) festgelegt; der Staat kann niemand zwingen, an sie zu glauben, aber er kann jeden verbannen, der nicht an sie glaubt; verbannen nicht als Ungläubigen, aber als Un-sozialen (insociable). Ein wesentliches Merkmal der religion civile ist Intoleranz (*Rousseau*, ebendort).

[31] Grundgefühl der Ordnung, das alle haben: *Hegel*, Grundlinien der Philosophie des Rechts, aaO., § 268 Zus.; § 265.

[32] Diese Momente der Äußerlichkeit, der Freigabe der Individualität und ihrer höheren Bestimmung, was den fehlenden Zugriff auf die Gesinnung einschließt, werden in der Staatsrechtslehre des 19. Jahrhunderts, solange sie nicht auf die Erörterung der Staatszwecke im Gerber-Labendschen Prositivismus ganz verzichtete, immer wieder hervorgehoben. Besonders zu erwähnen sind — ungeachtet seiner theologisch-obrigkeitlichen

totalitäre Regime, die die politische Gesinnungseinheit als ihr eigenes Fundament propagieren, sie in der Erziehung indoktrinieren und schließlich auch zur Rechtspflicht und Bedingung des politischen Bürgerstatus erheben.

Das Radikalenproblem

Die Aktualität dieser prinzipiellen Frage zeigt sich an der mißlichen Lage, in die unser Staat mit der Behandlung des Radikalen-Problems gekommen ist. Sieht man von durchsichtiger politischer Agitation ab, so ist der Ansatzpunkt der Kritik dieser Radikalenpraxis, nicht zuletzt auch im Ausland, keineswegs der, daß unser Staat Personen, die die verfassungsmäßige Ordnung der Bundesrepublik in ihrem Verhalten ablehnen und bekämpfen, von staatlichen Ämtern fernhalten will — ein solches Recht politischer Selbsterhaltung ist ihm vernünftigerweise nicht zu bestreiten. Gegenstand der Kritik ist vielmehr, daß der Staat, um dieses Ziel zu erreichen, neben der Loyalität und Treue des Verhaltens auch und entscheidend die Loyalität und Treue der politischen Gesinnung fordert. Dies ist in der Tat in den Regelungen der Beamtengesetze, die nicht auf die verfassungstreue Wahrnehmung des Amtes und seiner Aufgaben, sondern auf die „Gewähr" für ein „jederzeitiges Eintreten", eine

---

Staatsbegründung — *F. J. Stahl*, Philosophie des Rechts, Bd. 2: Rechts- und Staatslehre, 3. Aufl. 1856, §§ 38 - 41 (S. 144 ff.) sowie *Hermann Schulze*, Einleitung in das deutsche Staatsrecht, Leipzig 1867, S. 125 - 38. Die Absetzung dieser Staatsauffassung von der antiken Theokratie und ihre Grundlage in der durch das Christentum wirksam gewordenen Auffassung vom Menschen, die „den Menschen höher stellte als den Bürger" und damit zur Begrenzung der Staatszuständigkeit gegenüber der sittlichen Freiheit des Individuums und seiner inneren Persönlichkeit führte, ist etwa bei Hermann Schulze, der noch zur älteren Richtung der konstitutionellen Staatsrechtslehre gehörte (siehe dazu P. v. Oertzen, Die soziale Funktion des staatsrechtlichen Positivismus, Frankfurt 1974, S. 115 ff.) noch lebendig. Was Rousseau als politisches Versagen der christlichen Religion kritisiert (s. o. Anm. 30), nämlich die Hervorbringung der Entzweiung zwischen theologischem und politischem System, zwischen Mensch und Bürger, ist hier positiv gewendet. Darin war schon Hegel vorausgegangen, siehe Grundlinien der Philosophie des Rechts, aaO., § 185 (S. 266) und § 260 (S. 338): „Das Prinzip der modernen Staaten hat diese ungeheure Stärke und Tiefe, das Prinzip der Subjektivität sich zum selbständigen Extreme der persönlichen Besonderheit vollenden zu lassen, und zugleich es in die substantielle Einheit zurückzuführen, und so in ihm diese selbst zu erhalten."

II. Um-willen des Staates u. seine inhaltliche Zweckausrichtung 27

innere Bereitschaft also abstellen[33], grundgelegt. Die Folgen, die sich daraus in der Praxis in Verwaltung und Justiz ergeben, sind bekannt[34]: Gesinnungsprüfung, die letztlich unmöglich ist und daher von einer Vorgabe an Vertrauen oder Mißtrauen abhängt; Rückgriff auf vage Anhaltspunkte, die Gesinnung erweisen sollen; Fortzeugung des einmal entstandenen Zweifels, der auch durch späteres Verhalten nicht ausgeräumt werden kann, weil die gefährliche Gesinnung sich ja tarnen, evtl. sogar konspirativ tarnen kann; schließlich ein teils eingebildetes, teils aber auch durch sonderliche Verwaltungsentscheidungen und Gerichtsurteile genährtes Bewußtsein der Eingeschüchtertheit[35], das — diese Bemerkung sei aus der Erfahrung des akademischen Lehrers erlaubt — dabei ist, in der gegenwärtigen Studentengeneration Bataillone von Duckmäusern und Opportunisten heranzuziehen.

Diese Folgen sind nicht das Ergebnis fehlerhafter Handhabung der Regelungen im Einzelfall, die es geben mag; sie sind vielmehr in sich konsequent, wenn das Sich-Versichern der Gesinnung und damit der Zugriff auf die Gesinnung zum Inhalt rechtlicher Verfahren und Beurteilungen gemacht wird, die ihrer Art nach nur auf Äußeres abzielen können. Es kann in diesem Zusammenhang nicht außer Betracht bleiben, daß die einschlägigen gesetzlichen Regelungen unseres Beamtenrechts auf einer nahezu wortgleichen Übernahme von Formulierungen des nationalsozialistischen Beamtenrechts beruhen, die erst durch das NS-Regime in die Beamtengesetze hineingebracht wurden. Während das Republikschutzgesetz der Weimarer Zeit ausdrücklich und kon-

---

[33] Repräsentativ die Formulierung in § 4 Beamtenrechtsrahmengesetz (BRRG) vom 1. 7. 1957 (BGBl. I, S. 667), die in den Beamtengesetzen des Bundes und der Länder inhaltsgleich wiederkehrt:
„In das Beamtenverhältnis darf nur berufen werden, wer ... 2. Die Gewähr dafür bietet, daß er jederzeit für die freiheitlich-demokratische Grundordnung im Sinne des Grundgesetzes eintritt."

[34] Siehe dazu etwa *Bernhard Schlink*, Zwischen Identifikation und Distanz: Der Staat 15 (1976), S. 335 (364 - 66).

[35] Ein solches Bewußtsein äußert sich etwa darin, daß, wie dem Verf. von Kollegen und aus Gesprächen bekannt ist, nicht nur in Einzelfällen Seminarreferate über Karl Marx oder andere ‚kritische' Themen bei Studenten schwer unterzubringen sind, weil man nicht wissen könne, was daraus evtl. später folge. Das ist sicher ein eingebildetes Bewußtsein, aber auch als solches ist es eine Realität.

II. Um-willen des Staates u. seine inhaltliche Zweckausrichtung

sequent auf das *Verhalten* der Beamten zugriff, das amtliche und in Grenzen auch das außerdienstliche Verhalten[36], findet sich erstmals im NS-Gesetz zur Wiederherstellung des Berufsbeamtentums vom April 1933 — die Zwecke, die damit verfolgt wurden, sind bekannt — die Formel, daß der Beamte Gewähr bieten müsse, jederzeit rückhaltlos für den nationalen Staat einzutreten[37]. Das Beamtengesetz von 1937 hat sie weiter verstärkt, indem an Stelle des nationalen Staates

---

[36] Das Republikschutzgesetz vom 21. 7. 1922 (RGBl. I, S. 590) fügte in das Reichsbeamtengesetz einen § 10 a ein, in dem es hieß:
„Der Reichsbeamte ist verpflichtet, in seiner amtlichen Tätigkeit für die verfassungsmäßige republikanische Staatsgewalt einzutreten.
Er hat alles zu unterlassen, was mit seiner Stellung als Beamter der Republik nicht zu vereinen ist. Insbesondere ist ihm untersagt
1. sein Amt oder die ihm kraft seiner amtlichen Stellung zugänglichen Einrichtungen für Bestrebungen zur Änderung der verfassungsmäßigen republikanischen Staatsform zu mißbrauchen,
2. bei Ausübung der Amtstätigkeit oder unter Mißbrauch seiner amtlichen Stellung über die verfassungsmäßige republikanische Staatsform, die Reichsflagge oder über die verfassungsmäßigen Regierungen des Reichs oder eines Landes zur Bekundung der Mißachtung Äußerungen zu tun, die geeignet sind, sie in der öffentlichen Meinung herabzusetzen,
3. bei Ausübung der Amtstätigkeit oder unter Mißbrauch seiner amtlichen Stellung auf die ihm unterstellten Beamten, Angestellten und Arbeiter, Zöglinge oder Schüler im Sinne mißachtender Herabsetzung der verfassungsmäßigen Regierungen des Reichs oder eines Landes einzuwirken,
4. Handlungen nach Ziff. 1 - 3 bei dienstlich unterstellten Personen, sofern sie im Dienst begangen werden, zu dulden.
Dem Reichsbeamten ist weiterhin untersagt, in der Öffentlichkeit gehässig oder aufreizend die Bestrebungen zu fördern, die auf Wiederherstellung der Monarchie oder gegen den Bestand der Republik gerichtet sind, oder solche Bestrebungen durch Verleumdung, Beschimpfung oder Verächtlichmachung der Republik oder von Mitgliedern der im Amte befindlichen Regierung des Reiches oder eines Landes zu unterstützen."
[37] Gesetz zur Wiederherstellung des Berufsbeamtentums vom 7. 4. 1933 (RGBl. I, S. 175), § 4:
„Beamte, die nach ihrer bisherigen politischen Betätigung nicht die Gewähr dafür bieten, daß sie jederzeit rückhaltlos für den nationalen Staat eintreten, können aus dem Dienst entlassen werden."
Wenig später fügte das Beamtenrechtsänderungsgesetz vom 30. 6. 1933 (RGBl. I, S. 433) in das ReichsbeamtenG folgende Regelung ein:

II. Um-willen des Staates u. seine inhaltliche Zweckausrichtung 29

der nationalsozialistische Staat gesetzt wurde[38]. Dem Gesetzgeber der Beamtengesetze nach 1945 ist dann nicht mehr eingefallen, als diese Formel — bei Verzicht auf das Wort „rückhaltlos" — voll zu übernehmen; nur das System — „freiheitlich-demokratische Grundordnung" gegen „nationalsozialistischen Staat" — wurde ausgewechselt[39]. In den insoweit recht kursorischen Ausführungen des Bundesverfassungsgerichts in seinem Radikalenbeschluß ist von diesem Zusammenhang leider mit keinem Wort die Rede[40]. Die Frage ist aber

---

„§ 1 a (1) Als Reichsbeamter darf nur berufen werden, wer ... die Gewähr dafür bietet, daß er jederzeit rückhaltlos für den nationalen Staat eintritt."
Das Abstellen auf die politische Gesinnung, für die Betätigungen nur Anhaltspunkte bieten, ist deutlich. Die zeitgenössischen Kommentierungen waren sich darin einig, daß der Zweck der Vorschrift war, die Identifikation der Beamten mit den neuen, durch die NSDAP bestimmten Staatszielen sicherzustellen; vgl. *Arthur Brand*, Das deutsche Beamtengesetz Berlin 1937, Erl. 2 zu § 3 (S. 87); Erl. 2 d zu § 26 (S. 287 f.); *Carl Heyland*, Deutsches Beamtenrecht, Berlin 1938, S. 74, 167.

[38] § 26 Abs. 1 Ziff. 3 DBG vom 26. 1. 1937 (RGBl. I, S. 39).

[39] Siehe die Formulierung in § 4 BRRG (oben Anm. 33); besonders akzentuiert wird die gesinnungsmäßige Inpflichtnahme in § 52 Abs. 2 BundesbeamtenG: „Der Beamte muß sich durch sein gesamtes Verhalten zu der freiheitlich-demokratischen Grundordnung im Sinne des Grundgesetzes bekennen (!) und für deren Erhaltung eintreten."
Es macht unbestritten einen wesentlichen Unterschied, ob Gegenstand des geforderten Bekenntnisses und der Gesinnungstreue die freiheitlich-demokratische Grundordnung oder der nationalsozialistische Staat (genauer: die Parteiideologie der NSDAP) ist. Gleichwohl rechtfertigt dieser Unterschied der Systeme als sich heraus nicht alle Mittel der Verteidigung. Auch die Verteidigung der Freiheit kann in ihrer Art und Form freiheitsfeindlich werden; die Inpflichtnahme der Gesinnung, Überprüfung der Gesinnung u. ä. führen stets an die Grenze der Freiheit oder darüber hinaus. Diese Gefahr besteht besonders dann, wenn die Freiheit zum „höchsten Wert" erklärt wird, weil dann die der Wert-Geltung innewohnende Aggressivität, die Form und Verfahren gering, die Vernichtung des Unwerts der der Unfreiheit dagegen um so höher achtet, in den Dienst der Freiheitsverteidigung tritt; vgl. dazu *Carl Schmitt*, Die Tyrannei der Werte, in: Säkularisation und Utopie. Ebracher Studien, Stuttgart 1967, S. 37 (57 ff.). Freiheitssicherung liegt nicht nur akzidentiell, sondern substantiell in Formen und Verfahren.

[40] BVerfGE 39, 334 (346/47). Der Kern der Treuepflicht des Beamten liegt auch heute noch für das BVerfG nicht in einem verhaltensbezogenen,

nicht unangebracht, wie auf diese Weise die Bekämpfung des Totalitarismus und die Verteidigung der Freiheit glaubwürdig gelingen soll — der Versuch, den Teufel mit Mitteln auszutreiben, die von Beelzebub übernommen sind, kann schwerlich zum Erfolg führen. Die Ordnung der Freiheit muß sich auch und gerade durch die Methoden ihrer Verteidigung von der der Unfreiheit unterscheiden".

---

sondern einem *gesinnungs*bezogenen Moment („Bereitschaft, sich ... zu identifizieren", ebd. S. 347/48). In der verwaltungsgerichtlichen Judikatur, auch der Obergerichte, dominiert ebenfalls die Gesinnungstreue über die Verhaltenstreue; besonders deutlich VGH Mannheim, Urteil v. 27. 6. 1977 — IV 313/77 —, wo entscheidend die „verfassungsfeindliche Gesinnung", nicht verfassungsfeindliches Verhalten des Klägers im Mittelpunkt der Prüfung und Argumentation steht (S. 14).

[41] Tritt an die Stelle der Praxis gewordenen Forderung nach politischer Gesinnungsloyalität/-treue diejenige nach Verhaltensloyalität/-treue der Beamten, so wird dadurch der öffentliche Dienst keineswegs gegenüber dem Eindringen von Verfassungsfeinden wehrlos gemacht, vielmehr wird die Aufgabe, den öffentlichen Dienst auch für die Verteidigung der Verfassungsordnung des GG funktionstüchtig zu erhalten, auf eine einwandfreie rechtsstaatliche Grundlage gestellt. Die Aufgabe mag dadurch weniger bequem werden, aber sie wird in ihrer Durchführung rechtsstaatlich korrekt. Freilich gehört dazu die Bereitschaft, gegebene Aufsichtsbefugnisse — nicht zuletzt im Bereich der Kultusverwaltungen — auch als solche wahrzunehmen und Verstöße gegen die Verhaltenspflichten zum Eintreten für die Verfassungsordnung des GG disziplinarrechtlich entsprechend zu sanktionieren. Das macht gegenüber den bisherigen gesinnungsbezogenen Generalklauseln der §§ 35, 36 BRRG, §§ 52 - 54 BBG zunächst die Spezifizierung solcher Verhaltenspflichten notwendig, wofür u. a. die Formulierungen des Republikschutzgesetzes (oben Anm. 36) geeignete Anhaltspunkte bieten können, sodann die Aufstellung eines zwingenden Entlassungstatbestandes bei erheblichen oder wiederholten Verstößen gegen diese Verhaltenspflichten.

Rechtsstaatlicher Prüfung bedarf auch, ob Art. 9 Abs. 2 GG eigentlich das von den zuständigen Behörden immer wieder in Anspruch genommene Opportunitätsprinzip beim Verbot von Vereinigungen mit verfassungswidriger Zielsetzung/Betätigung zuläßt. Wenn eindeutiger Wortlaut als Grenze möglicher Auslegung noch etwas gilt, läßt sich aus dem Text „sind verboten" nicht der Inhalt „können verboten werden" herauslesen. Es ist schon mehr als ein rechtsstaatliches Kuriosum, daß einerseits das Grundgesetz solche Vereinigungen ex lege verbietet, das Vereinsgesetz (§ 3) das Verbotsverfahren ausdrücklich regelt, andererseits bei Vereinigungen, die die Behörden für verfassungswidrig halten, solche Verbotsverfahren nicht durchgeführt werden, gleichwohl aber die Zugehörigkeit zu solchen Vereinigungen als rechtserhebliches Indiz (oder Beweis) mangelnder Verfassungs-

II. Um-willen des Staates u. seine inhaltliche Zweckausrichtung 31

Die schützende und stützende Funktion des Staates

Gegenüber dem untauglichen Versuch, die Realisierung geistiger und sittlicher Gehalte durch den Staat in der Forderung nach einer einheitlichen Gesinnung zu suchen, ist daran zu erinnern, daß es zum geistig-sittlichen Gehalt des neuzeitlichen Staates gehört, daß er darauf verzichtet hat, einheitliche politische Gesinnung, einheitlichen Glauben, einheitliche Weltanschauung als seine Grundlage verbindlich zu machen und eben dadurch die Subjektivität und Besonderheit der einzelnen in ihr Recht gesetzt hat[42]. Die Frage ist aber damit noch nicht beantwortet, ob es ihm nicht gleichwohl obliegt, zu verhindern, daß die so freigesetzte Subjektivität der einzelnen sich selbst verliert, in inhaltloser Beliebigkeit untergeht.

Dem Staat kann insoweit keine konstituierende, setzende Funktion zukommen, sondern nur eine schützende und stützende. Es überschreitet die Möglichkeit und im juristischen Sinn die Kompetenz eines auf die Freiheit der einzelnen, die Verwirklichung der Subjektivität bezogenen Staates, geistig-sittliche Grundhaltungen und Überzeugungen, und ebenso geistig-kulturelle Grundauffassun-

---

treue gewertet und anerkannt wird. Um sich eine im Grundgesetz nicht vorgesehene Opportunität beim Vereinsverbot zu erhalten, wird die ganze Beurteilungslast im Hinblick auf eine verfassungswidrige Zielsetzung von Vereinigungen auf den Bürger abgewälzt und er der Schutzwirkung rechtsstaatlich geordneter Verfahren beraubt. So leicht und ohne Pflicht zu politisch unbequemen Entscheidungen ist „wehrhafte Demokratie" nur zu haben, wenn man sie auf Kosten der Rechtsstaatlichkeit betreibt.

[42] Der Prozeß der stufenweisen Ablösung der Einheit der politischen Ordnung von der Einheit des Bekenntnisses und der Religion war ein schmerzhafter und wechselvoller, wie die sehr allmähliche, stets auch von Rückschlägen begleitete Entstehung und Entwicklung der Religionsfreiheit seit dem 16. Jahrhundert zeigt, vgl. dazu den Überblick bei *Gerhard Anschütz*, Religionsfreiheit, in: HDStR, Bd. 2, Tübingen 1932, § 106. Die Abwehr, daß an die Stelle der Einheit in der Religion die (oktroyierte) Einheit in der Gesinnung oder Weltanschauung tritt, war und ist eine dem Staat von seiner Ursprungsidee gestellte Aufgabe, in deren — mannigfachen Widerständen immer neu abzuringender — Verwirklichung ein wesentlicher Teil seiner politischen Kulturleistung liegt. Daß sich damit zugleich die Frage nach den geistigen Kräften und Grundlagen stellt, die die Einheit des Staates tragen, sei ausdrücklich angemerkt. Dazu *E. W. Böckenförde*, Die Entstehung des Staates als Vorgang der Säkularisation = ders., Staat, Gesellschaft, Freiheit, 1976, S. 42 - 64, insbes. 57 ff. und weiter im Text.

II. Um-willen des Staates u. seine inhaltliche Zweckausrichtung

gen und Standards kraft eigener Entscheidung festzusetzen und in der Form des Rechtsgebots verbindlich zu machen. Das Fehlen dieser Kompetenz bedeutet indessen keineswegs, daß der Staat zur Untätigkeit verurteilt ist. Er kann und hat zunächst die Konstitutionsbedingungen der Subjektivität, die Freiheit der Person und die Achtung des Gewissens, zu schützen, auch gegenüber seinem eigenen Handeln zu schützen. Die Achtung des Gewissens ist der Punkt, an dem der Staat das Vorausliegende, den letztlich unverfügbaren Selbststand der Person, anerkennt[43]. Wie sehr er sich gerade darin als allgemeine Ordnung der Freiheit ausspricht, zeigt der Umstand, daß es dem Marxismus in seinen verschiedenen Spielarten theoretisch und praktisch unmöglich ist, den Begriff des Gewissens zu realisieren[44]. Ihm bleibt als Auskunft nur die Konstatierung eines falschen Bewußtseins, das nach einer Toleranzphase als Ausdruck von Impertinenz erscheint oder als Ausdruck krankhafter Abartigkeit, die psychiatrischer Behandlung bedarf. Der Staat hat weiter die Möglichkeit und Aufgabe, den Prozeß geistig-kulturellen Lebens und geistig-kultureller Bewegung als einen *freien* zu gewährleisten und zu schützen, in dem das geistig-kulturelle, aber auch das sittliche Bewußtsein des Volkes sich zu artikulieren und weiterzutragen vermag und nicht durch partikuläre geistige Bewegungen, die auf Alleingeltung und Beherrschung zielen, überwältigt wird[45].

Entscheidende Bedeutung kommt darüber hinaus der Gestaltung von *Schule* und *Bildungswesen* zu. Der Staat hat Schule und Bildung

---

[43] E. W. *Böckenförde*, Das Grundrecht der Gewissensfreiheit (1970) = ders., Staat, Gesellschaft, Freiheit, Frankfurt 1976, insbes. S. 284, 293 Anm. 10.

[44] Das ist grundgelegt in den tragenden Prämissen der marxistischen Ideologie, insbes. der Theorie von Basis und Überbau. Auch in ihrer seit Stalin (Marxismus und Sprachwissenschaft, 1949) modifizierten Form kann diese Theorie eine wirkliche Eigenständigkeit des Geistigen gegenüber Basisverhältnissen nicht anerkennen. Die alte starre Abhängigkeit von Basis und Überbau ist zwar beweglicher und gelockert, der abspiegelnde und damit nur reflexe Charakter des Überbaus aber nicht aufgegeben worden.

[45] Das betrifft die Bereiche der allgemeinen Kulturpolitik und der Medienpolitik. Auch Kommunikationsmacht ist eine Form gesellschaftlicher Macht, und zwar besonders intensiver, weil unmittelbar auf das geistige Bewußtsein einwirkender Macht, die eben deshalb der Begrenzung und Regulierung durch den Staat bedürftig ist.

II. Um-willen des Staates u. seine inhaltliche Zweckausrichtung 33

seit langem in seine Obhut genommen — über ihre Ermöglichung hinaus. In welcher Weise aber betreibt er angesichts des geistig-ethischen Pluralismus in der Gesellschaft ihre inhaltliche Gestaltung? Die Lösung kann nicht darin liegen, jedem pluralistischen Bildungskonzept seine Schule zu konzedieren oder, aus dem Gedanken der Neutralität heraus, bei der Festlegung von Unterrichtsinhalten und Bildungszielen überhaupt Enthaltsamkeit zu üben und sie der Autonomie der Lehrenden zu überantworten. Das wäre nur ein Ausweichen vor der integrativen und schützenden Aufgabe, die dem Staat obliegt, zugunsten eines ziellosen Laufenlassens[46]. Der Staat kommt nicht daran vorbei, selbst inhaltliche Entscheidungen zu treffen, und er tut das auch tagtäglich. Entscheidend ist das Bildungskonzept, das diesen Entscheidungen zugrunde liegt. Dieses Konzept — es bestimmt die geistige Struktur der je kommenden Generation — muß ein übergreifendes und offenes sein, nicht ein partikuläres, das auf Totalität und Umformung des Bewußtseins zielt[47]. Für den auf Freiheit und Selbstverwirklichung der einzelnen orientierten Staat hat es seinen tragenden Bezugspunkt in der Herausbildung und Weckung des spezifischen *Humanum,* der zum eigenen Urteil und zur vernunftgeleiteten Selbstverwirklichung befähigten Person, die in Auseinandersetzung mit der geistigen und sozialen Umwelt ebenso ihre Individualität entfaltet wie der Gemeinschaft Dienste leistet. Das ist das unverlierbare Erbe des Humanimus[48]. Die gegenwärtige Misere des

---

[46] Siehe dazu näher *F. Hennecke,* Staat und Unterricht, Berlin 1972, S. 88 ff.

[47] Die Frage nach der „Neutralität" der Schule und ihrer näheren Bestimmung ist, nachdem auf einen allgemein akzeptierten Bildungskanon nicht mehr zurückgegriffen werden kann, neu gestellt. Es muß sich um eine *übergreifende* Neutralität handeln, die Pluralität zuläßt und in sich enthält, Indoktrination jeder Art ablehnt, zugleich aber die Unterrichtsziele und Lerninhalte der Schule nicht auf den „kleinsten gemeinsamen Nenner" reduziert, sondern einen Gemeingeist und gewisse nationale Bildungsgüter auf der Grundlage des vorhandenen geistig-kulturellen Erbes vermittelt. Zu den Rechtsproblemen, die in diesem Zusammenhang auftreten, wichtige Ansatzpunkte bei *Josef Isensee,* Demokratischer Rechtsstaat und staatsfreie Ethik: Essener Gespräche zum Thema Staat und Kirche 11, Münster 1977, S. 92 - 118 (109).

[48] *Franz Schnabel,* Das humanistische Bildungsgut im Wandel von Staat und Gesellschaft, München 1956.

Bildungswesens liegt wesentlich darin, daß — unter Preisgabe dieses Konzepts — die Schule weithin als Aktionsfeld polit-pädagogisch programmierter Bewußtseinslenkung eingeplant und freigegeben worden ist"[49]. Es macht dabei keinen Unterschied, ob die Intention und Zielrichtung eine progressiv-emanzipatorische, oder — im Gegenzug — eine konservativ-stabilisierende ist. In beiden Fällen handelt es sich um ein Disponieren und um Indoktrination aus geistig-politischem Herrschaftsinteresse, das die heranwachsenden Menschen letztlich zu Objekten macht, sie nach einem selbstgemachten Bild formen will, statt ihre Subjektstellung anzuerkennen. Auch „Mut zur Erziehung" und „geistige Erneuerung" vermögen nur dann einen dem Staat als sittlichem Staat zuordnenbaren Sinn zu entfalten, wenn sie diese Anerkennung der Subjektstellung der Person zu ihrer Grundlage haben. Robert Spaemann hat es jüngst deutlich formuliert: Erziehung „wird mißbraucht, wenn sie als Instrument der Revolution oder als Versicherung gegen Revolution verstanden wird"[50].

Schließlich stellt sich die Frage, ob der Staat jenseits des Bereichs von Schule und Bildung etwas tun kann, um der Freiheit der einzelnen im geistigen und sittlichen Bereich ein Feld der Verwirklichung zu eröffnen. Die Antwort liegt nahe, daß dies nur im geistigen und sittlichen Leben des Volkes und der Gesellschaft selbst erfolgen kann, in den Sitten, Lebensformen und vor-rechtlichen Ordnungen, die vorhanden sind, und allenfalls durch andere, nichtstaatliche Institutionen wie nicht zuletzt die Kirchen. Diese Antwort hat gewichtige Gründe für sich[51]. Aber ist sie schon abschließend? Folgendes ist zu bedenken.

---

[49] Die Experimente der letzten Jahre mit „Rahmenrichtlinien" verschiedener Provenienz für den Deutsch-, Geschichts- und Gesellschaftskunde-Unterricht haben das zur Genüge deutlich gemacht. Zu den einschlägigen Rechtsproblemen siehe *Jochen Frowein*, Erziehung zum Widerstand, in: Menschenwürde und freiheitliche Rechtsordnung. Festschrift für Willi Geiger, Tübingen 1974, S. 579 ff.

[50] *Robert Spaemann*, Ein Lump ist, wer mehr gibt als er hat. Was heißt „Mut zur Erziehung?": FAZ Nr. 75 v. 14. 4. 78, S. 9.

[51] Wesentliche Argumente sind in der Grundwerte-Diskussion der letzten Jahre vorgetragen worden, siehe dazu G. Gorscheneck (Hrsg.), Grundwerte in Staat und Gesellschaft, München 1977, insbes. S. 13 ff. *(Helmut Schmidt)*, S. 52 ff. *(Helmut Kohl)* und die jeweils anschließenden Diskussionen, ferner S. 159 ff. *(Karl Lehmann)*, S. 172 ff. *(Hans Maier)*, S. 190 ff. *(A. v. Campenhausen)* und S. 234 ff. *(Helmut Schmidt)*.

II. Um-willen des Staates u. seine inhaltliche Zweckausrichtung 35

In der modernen Gesellschaft, die auf der Basis der individuellen Grund- und Freiheitsrechte als Erwerbs- und Leistungsgesellschaft konstituiert ist, sind die individuellen Interessen dazu freigesetzt, sich selbstbezogen zu entfalten. Die Einstellungen und Lebensprozesse, die sich daraus entwickeln, gehen nicht am geistigen Bewußtsein vorbei, sondern wirken darauf ein; sie sind nicht aus sich heraus auf ein Allgemeines, auf Bewahrung und Verwirklichung ethisch-sittlicher Substanz gerichtet[52]. Für das geistige und sittliche Leben bedarf es daher der Haltepunkte, institutionellen Verformungen und normativen Stützen, an denen die allgemeinen geistigen und sittlichen Haltungen, die vorhanden sind, sich festmachen können, öffentliche Relevanz erlangen und gegenüber den individualistisch-funktionalen Bewegungskräften der Erwerbs- und Leistungsgesellschaft Rückhalt und Bestätigung finden[53]. Darauf bezogene Aktivitäten können auch vom Staat ausgehen, und sie müssen es, weil der Staat in seinem Handeln und Tun in maßgeblicher Weise das mitbestimmt, was die öffentliche Ordnung eines Gemeinwesens ausmacht. Die Beispiele dafür sind zahlreich: Die Art, wie die Gesetzgebung über grundlegende Lebensordnungen und Lebensbeziehungen, wie Ehe, Familie und Arbeitsverhältnis, aber auch über Mietrecht und Bodenrecht gestaltet wird; die Art, wie die planende und gestaltende Tätigkeit der Verwaltung, etwa im Bereich der Altenvorsorge, familiengerechter Wohnungen

---

[52] Dies ist gemeint, wenn *Hegel*, Grundlinien der Philosophie des Rechts, aaO., davon spricht, daß in der bürgerlichen Gesellschaft „Besonderheit und Allgemeinheit auseinander gefallen sind" (§ 184, Zus.), „jeder sich Zweck", alles Andere aber ihm nichts sei (§ 182, Zus.). Ein praktisches Beispiel aus der Entwicklung der Jahre nach 1949 bietet die im Zuge der ungehemmten Entbindung aller Produktivkräfte zum Zwecke des wirtschaftlichen Wiederaufstiegs aufgekommene sog. Wirtschaftswundermentalität der 50er Jahre. Da ihr so gut wie keine Widerstände entgegengesetzt wurden, auch nicht solche christlich-kirchlicher Provenienz, führte sie in weitem Umfang zur Machtergreifung des praktischen Materialismus in der Gesellschaft.

[53] Es ist eine heute verbreitete irrtümliche Auffassung, daß sich geistige Überzeugungen und sittliche Haltungen allein vom Bereich des Privaten aus erhalten und forttragen könnten und daher ihre bloße Ermöglichung durch den Staat hinreichend sei. Diese Auffassung verkennt die Intensität der Gemeinschaftsgebundenheit und -bestimmtheit menschlicher Existenz gerade im Bereich des Geistigen und Sittlichen, die ungeachtet der personalen Eigenständigkeit der einzelnen besteht, ja dieser gerade zugeordnet ist.

und der Gastarbeiterbetreuung geführt wird; wie staatliche Förderungen orientiert werden und wie der öffentliche Dienst — der rechtfertigenden Idee nach die Einrichtung, in der Menschen die Sorge für die allgemeinen Angelegenheiten zum persönlichen Beruf machen — organisiert ist und sich selbst darstellt. Es ist eine Illusion zu meinen, die Grundtugenden menschlichen und bürgerlichen Zusammenlebens könnten sich durch Schule und Erziehung wirksam erhalten oder erneuern, wenn Geist und Verhalten in der Gesellschaft zunehmend vom Ellenbogengebrauch und der ökonomisch-egoistischen, letztlich materialistischen Maxime geprägt werden, mit wenig Einsatz ein Höchstmaß an finanziellem Ertrag zu erreichen, und der Staat demgegenüber den bürgerlichen Tugenden nicht Anerkennung und Rückhalt in öffentlichen Institutionen und seinem eigenen Handeln zu verschaffen vermag[54].

3. Voraussetzungen, die der Staat nicht garantieren kann

Freilich, noch einmal sei es wiederholt: Die staatliche Tätigkeit in diesen Bereichen ebenso wie in Schule und Erziehung, kann nur schützender und stützender Art sein. Voraussetzung ihrer Wirksamkeit ist, daß bei den einzelnen und in den Lebenskreisen der Gesellschaft geistig-sittliche Grundhaltungen, Orientierung an Vernunft und sittlichem Grundgefühl vorhanden sind. Kann diese Orientierung in der Subjektivität nicht mehr vorausgesetzt werden, kann auf sie als in der Wirklichkeit der einzelnen, der Gesellschaft, des Volkes vorhanden nicht mehr zurückgegriffen werden, so ist der Versuch, sie durch staatliche Maßregeln zu schaffen oder wieder herzustellen, nicht möglich ohne die Preisgabe der politischen Kulturleistung, die der

---

[54] Die Frage kann gestellt werden, wie weit auch die katholische Kirche in der Bundesrepublik in ihrer bis 1965 konsequent auf konfessionelle Schulerziehung zielenden Politik dieser Illusion erlegen war. Die Erwartung, auf diese Weise — über die Erziehung der heranwachsenden Generation — eine christlich geprägte Gesellschaft erreichen oder erhalten zu können, war viel zu isoliert und zu sehr im Bereich der Gesinnung angesetzt, als daß sie sich — ungeachtet alles ehrlichen Bemühens — hätte realisieren können. Die Ausbreitung der Wirtschaftswundermentalität (s. oben Anm. 52), durch die Rahmenbedingungen der staatlichen Wirtschaftspolitik gefördert und durch das Fehlen eines andersgearteten Ethos der öffentlichen Institutionen nicht gehemmt, erwies sich notwendigerweise als stärker und prägte den Geist der Gesellschaft.

II. Um-willen des Staates u. seine inhaltliche Zweckausrichtung 37

Staat als sittlicher Staat, die Subjektivität ermöglichender und mittragender Staat bedeutet. Das heißt nicht, daß ein solcher Versuch, wenn diese Situation konkret eingetreten ist, nicht gemacht werden würde — der Staat als politische Einheit will überleben. Aber es geht dann eben um eine Strategie des nackten politischen Überlebens — Sandatome kann nur die geschlossene Faust zusammenhalten[55] —, zu der alle Mittel, die Effektivität versprechen, recht sind; sie bezeichnet freilich den Rückgang auf einen primitiven, naturhaften Zustand der Organisation des politischen Zusammenlebens. Vor Jahren habe ich die These formuliert, daß der moderne freiheitliche Staat von Voraussetzungen lebt, die er selbst nicht garantieren kann, ohne seine Freiheitlichkeit in Frage zu stellen[56]. Diese These hat viel Zustimmung, aber auch Kritik erfahren. Sie hat etwas Unbequemes. Aber ich sehe keinen Grund, an ihr nicht weiter festzuhalten. Dafür sei an einen Staatsdenker erinnert, der gewiß nicht in dem Ruf steht, den Staat als bloßes Vollzugsorgan der Gesellschaft verstanden zu haben. Wenn Hegel sagt[57], daß der Geist eines Volkes im Staat sich ausspricht und seine Wirklichkeit hat, daß er sich in der Verfassung und den Gesetzen des Staates bestimmt und bestätigt, dann bedeutet dies nicht, gerade für Hegel nicht, daß dieser Geist, — der für Hegel übrigens maßgeblich von der Religion geformt und geprägt wird[58] — wenn er seine Lebendigkeit verliert und zerfällt, vom Staat wieder geschaffen oder gar ersetzt werden kann. Es bedeutet vielmehr, daß der Staat dann „in der Luft steht" und seine Zuflucht zur kollektiven Lenkung des Bewußtseins der Individuen von seinen Überlebensinteressen her nehmen muß. Mit dem Staat als Reich der Vernunft hat das nichts mehr zu tun.

---

[55] *Graf York von Wartenburg* an Dilthey, Brief vom 21.2.1890, in: Briefwechsel zwischen Wilhelm Dilthey und dem Grafen Paul York von Wartenburg 1877-1897, Halle 1923, S. 97. Der Text fährt fort: „Das Complement ist die Tyrannis."
[56] *E. W. Böckenförde*, Die Entstehung des Staates als Vorgang der Säkularisation (1967) = ders., Staat, Gesellschaft, Freiheit, Frankfurt 1976, S. 60.
[57] *G. W. F. Hegel*, Vorlesungen über die Philosophie der Weltgeschichte (wie Anm. 28), S. 128 ff.
[58] *G. W. F. Hegel*, ebd., S. 129/30; ders.: Enzyklopädie der philosophischen Wissenschaften im Grundriß (1830), Ausg. Nicolai, Hamburg 1959, § 552 (S. 434 ff.).

III. Wege der Verwirklichung

Das Thema ist damit durchschritten. Zum Schluß bedarf es indes noch der Überlegung, durch welche Kräfte und auf welchem Wege der Staat als sittlicher Staat, wenn er als solcher anerkannt und gewollt ist, sich *in der Demokratie* verwirklichen kann.

Die Realisierung der Gehalte des sittlichen Staates kann nicht dadurch erfolgen, daß sie in die Hand und Verantwortung einer objektivierten Staatsgewalt gelegt werden, die über den einzelnen steht. Der Appell an eine solche als Obrigkeit gesehene Staatsgewalt geht im demokratischen Staat ins Leere, weil ihm der konkrete institutionelle Bezugspunkt fehlt. Es wird der Schein einer Verantwortung und Kompetenz unabhängig vom demokratischen Prozeß erweckt, der aber Schein bleibt und nichts bewirkt und die Wirklichkeit nur verhüllt.

Eine Verwirklichung der Gehalte des sittlichen Staates kann vielmehr nur im und durch den *demokratischen politischen Prozeß* erfolgen, soll nicht der Staat als sittlicher Staat zu einer abstrakten und imaginären Antithese zum demokratischen Staat werden. Repräsentant des Gesamtwillens und Gesamtbewußtseins ist im demokratischen Staat zunächst die Aktivbürgerschaft. Sie artikuliert sich als Volk und für das Volk. Zur politischen Existenzform dieser Aktivbürgerschaft gehört, daß sie in der Möglichkeit, sich nicht diffus, sondern verbindlich zu artikulieren, gebunden ist an Fragestellungen, die ihr vorgelegt bzw. in sie hineingegeben werden[59]. Die Aktivbürgerschaft ihrerseits setzt aus sich — durch Wahlen — weitere Repräsentanten heraus: die Volksvertretung und — über sie — die Regierung als leitende, die Handlungs- und Wirkeinheit des Staates darstellende und aktualisierende Organe. Nur im Zusammenspiel dieser *beiden* Repräsentanten des im Staat vereinigten Gesamtwillens und Gesamtbewußtseins ist die Verwirklichung des Staates als sittlicher Staat möglich.

---

[59] Siehe dazu *Carl Schmitt*, Verfassungslehre, 1928, 5. Aufl. 1970 § 21 II u. III, S. 277 f.; *Erich Kaufmann*, Zur Problematik des Volkswillens, 1931.

III. Wege der Verwirklichung

Dabei fallen den beiden Repräsentanten freilich verschiedene Aufgaben und Funktionen zu. Den leitenden Organen obliegt die Formulierung der Fragen an die Aktivbürgerschaft. Sie tun das durch ihr entscheidungsorientiertes Handeln, ihre Programme, ihre ausdrücklichen Forderungen und Erwartungen an die Aktivbürgerschaft. Der Aktivbürgerschaft obliegt — beeinflußt aber nicht abhängig von der öffentlichen Meinung — die Antwort auf die Fragen durch Annahme oder Zurückweisung, Approbation oder Reprobation.

Kein Gehalt des sittlichen Staates läßt sich in einer demokratischen politischen Ordnung verwirklichen oder auf Dauer festhalten, wenn er nicht in dieser Weise konsensgetragen ist. Die Fragestellung auf diese Gehalte hin ist freilich Sache der leitenden Organe, d. h. von Regierung, Parlament und politischen Parteien. Fehlt es an dieser Fragestellung, fehlt der politischen Führung in Regierungsmehrheit oder Opposition der Mut zu ihr, weil ja der Ausgang nicht gewiß ist, so fehlt der Aktivbürgerschaft die Möglichkeit der eigenen Artikulation und sie gelangt nicht zum Wissen ihrer selbst[60].

Das Problem sei an einem eindrucksvollen Beispiel aus dem letzten Jahr verdeutlicht. Ich meine das Verhalten und Handeln der entscheidungsbefugten und sonst beteiligten obersten staatlichen Funktionsträger im Entführungsfall Schleyer. Die Orientierung staatlichen Handelns auf Rechtsprinzipien und Grundsätze der Ordnung des Zusammenlebens, die alle wollen, fand eine fordernde und glaubwürdige Artikulation. Diese Orientierung wurde ungeachtet des Fehlens glatter Lösungen durchgehalten, der daraus sich ergebende politische ebenso wie ethisch-sittliche Konflikt wurde in seiner Unauflösbarkeit besonnen durchgetragen. Von der Aktivbürgerschaft wurde die darin liegende entschiedene Fragestellung akzeptiert, nicht in emotionaler Aufwallung, sondern unter bemerkenswerter Einsicht in die Unauflösbar-

---

[60] Hier liegt ein entscheidendes Problem der in letzter Zeit viel diskutierten „Regierbarkeit" demokratischer Staaten. Die Ursache für das Abnehmen der Regierbarkeit liegt dabei stärker bei den Regierenden, d. h. der politischen Führungsschicht insbes. in den politischen Parteien, der weithin die Bereitschaft fehlt, anliegende politische Entscheidungsfragen, die mit einem Risiko verbunden sind, offen zu stellen, als bei den Regierten. Deren Bereitschaft, auch sogenannte unpopuläre Fragen positiv zu beantworten, sofern sie glaubwürdig gestellt werden, ist größer, als die Regierenden es zu ihrer eigenen Selbstentlastung wahrhaben wollen.

III. Wege der Verwirklichung

keit des Konflikts. Es kam zum Bewußtsein, daß der Staat mehr ist als ein Versicherungsverein auf Gegenseitigkeit, daß er eine Gemeinschaft im Recht darstellt, die das — auch existenzielle — Einstehen füreinander einschließt, eine Gemeinschaft, die Recht für *alle* zu realisieren hat und dabei auf Unabdingbarkeiten verpflichtet ist[61].

Inzwischen ist — vorläufig — der politische Alltag wieder eingekehrt samt seinen alltäglichen aber ebenfalls ernsten Problemen. Auch in diesen alltäglichen Problemen kann der Staat sich, ganz unspektakulär aber nachdrücklich, als sittlicher Staat artikulieren, wenn dieses *Zusammenwirken* von politischer Führung und Aktivbürgerschaft sich herstellt. Daß dies geschieht und die Realisierung des Staates als sittlicher Staat nicht die Episode eines Ausnahmezustands bleibt, dazu beizutragen an der Stelle, an der er steht, ist jeder von uns aufgerufen.

---

[61] Neben diesem positiven Beispiel sei auch ein negatives Beispiel erwähnt: Die politische Auseinandersetzung um Rentenfinanzierung und den Umfang der Rentenerhöhungen. Jeder, der einigermaßen mit dem Problem vertraut ist, weiß, daß eine Fortführung der bruttolohnbezogenen Rentenanpassung bei gleichzeitiger Steuer- und Beitragsfreiheit der Renten nicht zu finanzieren ist und die arbeitende Generation im Rahmen des Generationenvertrages unzumutbar belasten würde. Eine Rückkehr dahin wird nicht mehr stattfinden. Statt dies und die dafür maßgebenden Gründe, die einsehbar sind, den Bürgern zu sagen und sie zu einer entsprechenden Antwort aufzufordern — die gegeben werden würde —, wird der wahre Sachverhalt in fortgesetzter parteipolitischer Tagespolemik und durch hintereinandergesetzte befristete Maßnahmen, die Unsicherheit erzeugen, verschleiert.

Printed by Libri Plureos GmbH
in Hamburg, Germany